COURS

DE DANSE

FIN DE SIÈCLE

COURS

DE

DANSE FIN DE SIÈCLE

TIRAGE UNIQUE A 350 EXEMPLAIRES NUMÉROTÉS

Exemplaire unique sur papier des manufactures impériales du Japon, orné d'une aquarelle originale de Louis Legrand	N° 1
Quarante-neuf exemplaires sur papier des manufactures impériales du Japon	N°s 2 à 50
Trois cents exemplaires sur beau papier vélin . . .	N°s 51 à 350

N° 151

COURS

DE

DANSE FIN DE SIÈCLE

ILLUSTRATIONS DE LOUIS LEGRAND

« Il y a peut-être des péchés à découvrir... »
Dolorès, par ALGERNON CHARLEY SWINBURNE.

PARIS
E. DENTU, ÉDITEUR
LIBRAIRE DE LA SOCIÉTÉ DES GENS DE LETTRES
PALAIS-ROYAL, 17 ET 19, GALERIE D'ORLÉANS

1892

LA DANSE EXCENTRIQUE

Paris a vu, il y a soixante ans, toute une génération se pâmer au spectacle de quelques femmes, jeunes et jolies, qui avaient sinon créé, au moins adroitement mis en valeur une danse spéciale, inconnue du siècle précédent aussi bien que des nations voisines, et dont les effervescences capiteuses bouleversaient de fond en comble les plus sacrées traditions de la chorégraphie classique. Sous le pied de ces audacieuses, le paisible *quadrille* des salons s'était réveillé tout à coup, piqué d'une tarentule étrange. A la promenade lente, gourmée, sagement alternée, aux molles oppositions de tête, aux ronds de jambes discrets, succédait une course folle, des bonds fantasques, des allures capricantes, dont la variété communiquait aux spectateurs eux-mêmes les frissons d'une fièvre chaude. Les étudiants exultaient de joie, les mères de familles tremblaient d'épouvante, les municipaux restaient ahuris.

C'était une période d'enfantement, partant une époque de trouble. On connut des camps ennemis; on engagea des paris et des luttes sur la supériorité de *Céleste Mogador* ou de *Clara*, de *Pomaré* ou de *Rose Pompon*. L'audace de ces demoiselles eut à subir, devant le commissaire de police, de sévères réprimandes, et messieurs leurs amis expièrent souvent, sur la paille humide des violons, des discussions trop vives engagées en leur faveur avec les agents protecteurs de la morale publique. C'était la belle époque des passions vives et des intolérances farouches.

Après une décadence passagère du *cancan*, une pléiade exquise de ballerines indépendantes est venue presque subitement offrir à notre fin de siècle une admirable renaissance du *chahut*. On dut leur reconnaître tout d'abord une perfection non encore atteinte; et il n'en fallait pas moins pour triompher de l'indifférence du *boulevardier*. Celui-ci avait assisté sans émotion à la fin languissante de Valentino, à la caducité du Tivoli-Wauxhall, à l'essoufflement du Château-Rouge, à l'agonie douloureuse d'un Frascati mort-né, et même à l'effondrement du légendaire Mabille. Que lui importait? On n'y dansait plus! Les vagues trémoussements de voyous oripaillés et de trottoirières douteusement blanchies l'avaient depuis longtemps écœuré. Mieux valait fumer un cigare en plein air que de se brûler les poumons à la poussière caustique de bastringues funèbres. Peu à peu, les vastes enceintes s'étaient vidées. Les éclairages fulgurants flottaient sur de piteux calicots munis d'entrées de faveur, et sur de minables filles chassées de la rue par le froid, non par un désir de fête, et plus avides de la chaleur que de l'éclat du gaz. Le tumulte compact des foules en liesse avait fait place à la promenade lamentable des isolés cherchant vainement un contact, et des quêteuses d'amour à la chasse d'un client rétif. Les derniers fanatiques lâchèrent pied. Tout était perdu. Sous peine de faillite, il fallut fermer boutique.

Sans tapage, les portes se closent. Vinrent les spéculateurs de terrains, puis les entrepreneurs de démolitions, puis les architectes et les maçons; et ici poussèrent de grasses maisons de rapport pleines de bourgeois paisibles et grouillantes de petits enfants; là, de vastes établissements de banque enfiévrées d'agio et de spéculation; là s'installa un nouveau cirque. Des bals publics du second Empire il ne restait pas plus de traces que si, suivant la méthode de Moïse pour les villes amalécites, on en eût labouré le sol, puis semé du sel dans les sillons de la charrue.

Et il se fit un grand silence.

Silence de sommeil, mais non silence de mort.

Au quartier Latin comme à Montmartre, le *cancan* avait laissé des semences fécondes.

> Là-bas, là-bas, tout au fond de la terre
> Là-bas, bien loin auprès du Luxembourg.....

comme chantait le regretté Berthelier dans le *Baptême du p'tit ébénisse*, là-bas, à l'extrémité du *Boul' Mich*, quelques jeunesses, gaiement, pour leur plaisir personnel, se livraient encore le jeudi, en vis-à-vis avec les élèves de droit et de médecine, à des variations ingénues sur les thèmes dont les étudiants de vingt-cinquième année avaient pieusement conservé la tradition. Ces petites démonstrations intimes brillaient surtout par une naïve exubérance. Ajoutons qu'elles avaient le mérite, devenu rare, de n'être point salariées. Qu'un hommage soit ici rendu à ces aimables filles, compagnes de notre vingtième année, qui jouèrent ainsi inconsciemment un rôle de vestales, en entretenant le feu sacré de la danse excentrique.

Beaucoup plus ardent, sinon plus pur, le même feu brûlait encore dans un autre foyer.

C'est assurément au sommet de la Grande Butte, au *Moulin de la Galette*, que s'est lentement et joyeusement préparée l'éclosion de la nouvelle école, dont les formules, nettement arrêtées, ont surpris à l'improviste et rapidement subjugué le Parisien sceptique, blagueur et blasé.

Un sourire accueillit d'abord, il y a six ou sept ans, l'annonce d'un *quadrille naturaliste* dans les programmes du *Jardin de Paris*. « Le temps de Rigolboche est passé! » murmuraient les premiers qui lurent les affiches. En quoi ils avaient raison. Mais l'ère de la *Goulue*, de *Grille-d'Égout* et de leurs émules allait s'ouvrir. Dès leur apparition, elles conquirent la foule et nul ne songea à discuter leur succès, pas plus au *Moulin-Rouge*, qu'à l'*Élysée-Montmartre* ou au *Casino de Paris*. C'étaient de véritables artistes, et dans un art nouveau.

Entre les deux, un contraste saisissant. Une brune et une blonde; une grasse et une maigre; une jolie et une laide; mais également jeunes, habiles et passionnées pour leur métier.

A cette époque, la *Goulue* pouvait avoir dix-huit ans. Petite, rose, poupine et bien en point, elle dardait, hors du corsage sombre largement décolleté, ses épaules nacrées et sa tête mutine plantée de cheveux d'or, dont la lourde torsade, roulée très haut, prenait des aspects de cimier. Coiffure à laquelle elle est restée fidèle. Son toupet se voit d'aussi loin que jadis le panache blanc de Henri IV. Comme lui, il ranime les courages éteints.

Telle elle était alors, telle on la retrouve aujourd'hui.

A peine en train, ses joues s'animent comme des pêches mûres; ses cheveux fous voltigent en « fils de la vierge » folle. Pas de méthode, peu d'ordre, mais un sentiment sûr du rythme et une incontestable franchise de gaieté. Ses bras se lèvent, insoucieux des indiscrétions de la bretelle tenant lieu de manche; les jambes fléchissent, bringuebullent, battent l'air, menacent les chapeaux, entraînant sous le jupon les regards; ces regards voleurs poursuivant là l'entrebaillement espéré, mais toujours fuyant, du pantalon brodé. Et autour d'elle, cette crispation incessante des yeux affole les mâles. Elle le sait, elle le sent, elle le voit, et, imperturbablement, d'un même égal et indifférent sourire, elle sourit. Suivant la progression des figures du quadrille, aux provocantes saillies de son ventre, succèdent les déhanchements lascifs de ses reins; ses bouillonnés, lestement enlevés, dévoilent l'écartement des jambes à travers la mousse des plissés, soulignant, en la chute rapide des valenciennes, au-dessus de la jarretière, un petit coin de vraie peau nue.

Et de ce morceau de chair vermeille jaillit, jusqu'aux spectateurs haletants, un rayonnement torride d'acier en fusion. Alors, dans une feinte de délire canaille, la bacchante du ruisseau, brusquement troussée jusqu'au ventre, offre en pâture, au cercle avide qui s'est resserré sur elle, l'apparition de ses rondeurs si peu voilées par les transparences des entre-deux de dentelle, qu'à certain point, se révèle, par une tache sombre, la plus intime efflorescence.

Et sur le cercle avide des hommes et des femmes passe un égal tressaillement.

Sans contester la valeur de la *Goulue*, on peut affirmer qu'une grosse part de sa célébrité revient à ses qualités de fille fraîche, appétissante, fière de ses charmes et trop hardie à les montrer. Constamment elle cherche le geste suspect de la main, du pied, de tout le corps; elle le trouve, elle l'impose et le public applaudit!

La *Goulue* est une enchanteresse.

Combien vraie toujours la fable de Circé, la charmeuse, métamorphosant les compagnons d'Ulysse en pourceaux!

Toute différente apparaissait *Grille-d'Égout* : petite, sèche, pas belle avec la proéminence de sa mâchoire supérieure, son menton fuyant et ses dents trop espacées. Dans l'immobilité de l'attente, avant les premières mesures, on l'eût prise volontiers pour une bourgeoise en goguette, un peu gauche et embarrassée de ses mains. Mais, dès les premiers coups d'archet, changement à vue. La taille cambrée, le jarret nerveux, le nez au vent elle reniflait la poussière du hall comme un soldat la fumée de la bataille, et entamait le morceau avec une assurance conquérante et une verve communicative. Serrée dans son jeu, correcte dans sa progression, plus gaie que voluptueuse, elle donnait un joli spectacle, moins excitant que drôle. La mimique d'un gamin de Paris et non celle d'une roulure. D'ailleurs, le tricotage des jambes agile et fin ; de la variété ; le coup de pied gouailleur comme un pied de nez, mais point lascif; enfin, dans l'ensemble de ses variations, une fermeté de dessin insoucieuse du public au point de toucher à la distinction.

Elle élevait le *chahut* à la hauteur d'une gavotte.

Aujourd'hui *Grille-d'Égout* a pris de l'embonpoint sans perdre son élasticité, et elle fait école. Sa renommée a franchi cet hiver l'enceinte des bals publics pour voler jusqu'aux boulevards dans une circonstance mémorable.

Ce n'est pas sans étonnement que le monde du *high-life* apprit qu'une de ses artistes préférées, une de celles qu'on désigne pour la Comédie-Française, quand bon lui semblera, Mlle Réjane, en un mot, sollicitait les conseils d'une *professionnelle* des boulevards extérieurs pour préparer l'exécution d'un cavalier seul, dans la pièce nouvelle d'un auteur dramatique à la mode. La surprise cédait au ravissement le soir où la charmante comédienne s'élança bravement sur les planches des Variétés, bouffant ses jupes, fripant son linge et montrant ses jolies jambes pour les délices des fauteuils d'orchestre. Les applaudissements, les rappels, les cris délirants attestèrent bruyamment l'enthousiasme général, et si M. Meilhac n'eût été déjà installé à l'Académie française, nul doute que le pas de Mlle Réjane ne l'y eût fait entrer sans coup férir. Aucun des Quarante n'eut osé refuser sa voix au littérateur qui offrait un tel ragoût à leurs palais blasés. On résiste au sel attique, point au piment parisien. Par des procédés plus simples et moins tangibles, Mlle Réjane devançait la *petite secousse*, inventée depuis par M. Maurice Barrès. Mais le plus fort étant fait, c'est-à-dire la consécration académique du spirituel écrivain étant acquise, Mlle Réjane se contenta de lui amener, aux Variétés, deux cents fois de suite, salle comble. ce qui n'est jamais à dédaigner. Un peu d'or rehausse bien les palmes vertes de l'Institut.

Assurément, une bonne part du succès de *Ma Cousine* revenait à Mlle Réjane. Mais où donc elle-même avait-elle puisé ces moyens nouveaux de séduction? On la savait diseuse exquise, musicienne agréable, mime intelligente, capable même de se plier aux gesticulations poncives du ballet classique, mais danser le cancan avec cette assurance et cette verdeur n'était pas le résultat d'une invention spontanée. Les connaisseurs découvrirent tout de suite dans son maintien des traces de la grande école montmartroise, et on se mit en quête du professeur. Aussi bien la curiosité fut tôt satisfaite. Une lettre adressée aux journaux par l'élève reconnaissante révéla le nom de sa maîtresse. C'était *Mademoiselle Grille-d'Égout*.

Grille-d'Égout peut dire que son élève lui a fait honneur. Grâce à celle-ci, après avoir recueilli, pendant de longues années, tous les lauriers des gloires personnelles, elle a moissonné en un jour toutes les couronnes de la pédagogie!

Réjane aura été le trait d'union entre la roue du *Moulin-Rouge* et la coupole du quai Malaquais. Le siècle prochain applaudira la fusion des deux édifices fameux à des titres si divers.

Faute de *Grille-d'Égout*, Mlle Réjane eût trouvé un enseignement aussi sûr auprès d'une autre étoile, non moins illustre, de la place Blanche, *Mademoiselle Nini-Patte-en-l'air*.

Celle-là n'est pas entrée de bonne heure dans la carrière. Sa première jeunesse a su se plier aux devoirs conjugaux et aux soucis du commerce, adoucis par les joies maternelles. Mais un jour est venu où le démon de la danse, qui sommeillait sous ses talons, a brisé tous ses liens, et, maître de sa possédée, l'a lancée dans une vie nomade pleine d'étranges aventures. Chanteuse, danseuse, surtout bohème, Nini a promené par toute la France l'accouplement burlesque du couplet comique et du grand écart. Sur le tard seulement, ayant épuisé le cycle des conditions humaines, elle a concentré sa passion dans le quadrille. Elle y figure au premier rang.

Brune comme la nuit, ce n'est point sa beauté qui l'a mise en relief, malgré l'âpre saveur du masque étrange pétri dans son visage carré. La bouche, large et bien meublée, s'éclaire d'un sourire froid, à la lueur sombre de deux grands yeux perdus en la profondeur de l'orbite et sous l'épaisseur des sourcils. Une excessive pâleur morbide et constante suggère le souvenir macabre de la superbe eau-forte de Rops : *La Mort qui danse*. Mais une Mort mouvementée, allègre, infatigable. La Mort ressuscitée de l'éternel sommeil pour l'éternelle vie, la vie joyeuse, la vie à outrance, la vie électrique. Ce petit corps carré, sec, noir, se déploie, s'étire, s'allonge et grandit par la vigueur du geste, la rapidité du mouvement, l'imprévu de l'aspect. L'audace des jambes en arrondit l'excessive gracilité sans que la moindre contraction révèle jamais un effort, même dans le tour de force. Cinq fois, dix fois, vingt fois de suite, rapide et cadencé, le pied se lève si haut au-dessus de la tête qu'il semble un bizarre papillon de nuit, irrésistiblement envolé vers l'attirant éclat des globes lumineux enguirlandés aux corniches de la haute galerie. Puis, tout à coup, à hauteur de visage, ce pied falot s'arrête, capturé par un impalpable rêt. Vainement il tente de s'échapper ; vainement il s'agite en des contorsions étranges au bout de la jambe raide ; maîtrisé par l'immobilité du mollet, il faut qu'il subisse cette servitude passagère, et aussi les railleries, les injures et les câlineries que, des yeux et des doigts, lui décoche la mimique pittoresque et goguenarde de celle dont il est l'esclave enchaîné, mais chéri. Entre la tête et le pied de la femme, une scène se joue, intelligible et complexe. Un défi, une lutte, une victoire. Et, subjugué par le magnétique sourire, la bottine mordorée finit, en désespoir de cause, par exécuter sur la cheville désarticulée une manière de sauterie balancée, où perce l'irritant simulacre d'une caresse titillante et volontairement incomplète.

Mais enfin délivré, le pied va prendre sa revanche. En touchant terre il a retrouvé ses forces et sa liberté. A son tour de commander et de conduire la fête! La rage de l'orchestre annonce la fin du quadrille; sur les violons les archets se précipitent et les doigts des musiciens mordent furieusement les cordes; les cuivres mugissent; une tempête se déchaîne furieuse et assourdissante.

Alors, la main dans la main de son cavalier, d'une allure ferme, égale et sûre, la danseuse commence, autour du cercle des spectateurs, une marche émouvante, fantastique et folle. A chaque pas, son pied bondit vers le plafond, tandis que la tête, violemment rejetée en arrière, pend au bout du torse renversé, en une profonde retraite de corps, assurant, par l'accord impeccable des mouvements, un équilibre invraisemblable. Pendant plusieurs tours de piste, la surhumaine dislocation se répète, avec une telle assurance que l'idée d'un danger ou d'une fatigue ne s'en éveille point. Les traits émaciés s'illuminent de la chimérique et bienfaisante extase des pythonisses et des Aïssaouas. L'allure se précipite, la gorge se soulève, haletante, les bras sillonnent l'air, et, dans un dernier battement, le talon du pied voltigeur retombe sur le parquet, s'allonge, file, glisse au loin, tirant la jambe et entraînant l'effondrement du bassin, dont la chute écrase lourdement la meurtrissure du sexe collé au sol, entre l'écartèlement d'un diabolique grand écart.

Et maintenant accoudée sur son genou gisant, le menton dans la main, subitement calmée, la danseuse promène sur la foule émue la satisfaction tranquille de son impassible sourire.

D'autres encore sont de remarquables exécutantes. Telle *Rayon-d'or* (ci-devant Olga), une des anciennes du métier, grande fille vigoureuse sans lourdeur, brune, travestie d'une perruque rousse pour accentuer ses sourcils noirs. Là-dessous, des yeux effrontés, aguicheurs, très doux, et le nez en pied de marmite dominant les lèvres épaisses, entr'ouvertes, rouges, cerise mûre, trop mûre peut-être. Beaucoup d'allure. La taille rigide sans raideur. Au repos, une correction de soldat; en action, la fantaisie d'un gavroche. Les jambes couvrent le terrain, rapidement, marquant de jolis pas entrecroisés, allègrement découpés à l'emporte-pièce. Mais une grande discrétion des bras, avec l'impeccable assiette du torse. Le pied monte facilement à hauteur de figure sans chercher l'acrobatie; le bouillonnement des jupons chatouille l'œil sans le troubler. Signe particulier : *Rayon-d'or* conservera toute la nuit une coiffure irréprochable, son chapeau mesurât-il deux mètres de circonférence.

Puis la *Macarona*, une fidèle de l'*Élysée-Montmartre*, très intéressante, *Étoile-filante* et *Follette*, deux élèves distinguées de *Nini-patte-en-l'air*, la *Sauterelle*, *Môme-Fromage*, la *Glu*, la *Cigale*, une classique, *Clair-de-Lune* très fine et d'un jeu bien personnel, et tant d'autres, la *Favorite*, *Brin-d'Amour*, *Emeraude*, *Gazelle*, *Musette*, *Papillon*, *Sirène*, *Baudruche*, *Reine-des-Prés*, et *Gigolette* si mignonne, et *Bobette* si potelée, débutantes d'hier, étoiles de demain, dont la jeunesse étincelle au milieu de ces maturités savantes. Certes, dans les improvisations de leurs gaies sauteries percent des maladresses et s'avouent des impuissances, mais la gaucherie même de leurs ébats y ajoute la saveur appétissante des fruits verts chère aux palais blasés. De là monte aussi une curiosité piquante de discerner celle qui sortira de la masse pour conquérir les hauts grades; de lire dans ces yeux vagues une ambition secrète, un courage, une volonté de mieux faire. Sur vingt qui sont là, bondissantes, joyeuses, provocantes, dix-neuf, avant peu, auront roulé dans les dernières infamies, ou succombé, salement rongées par l'alcool, volées par les chevaliers de la rouflaquette qui les grugent, épuisées par les pâles compagnonnes dont les appétits de goules s'excitent à leur moiteur fraîche de petite fille qui saute. Celles qui, ayant trempé dans ce cloaque, survivent à de tels éléments de décomposition, constituent de véritables curiosités : physiquement et moralement, des objets d'art.

Aussi bien, à dire vrai, celles qui échappent au mal, doivent leur salut à un certain instinct artistique qui leur souffle à l'oreille une soif d'éclipser des rivales ou de dompter les hommes. Celles-là demandent conseil, elles travaillent, elles veulent être instruites, et elles trouvent des maîtres qui les transforment à leur tour en ferments de perversité.

C'est sur cette singulière éducation que nous jetterons quelques notes de lumière.

L'ÉCOLE

ANS une courte rue du quartier Bréda, une maison fade et triste. Entrée bâtarde, couloir gris, suintant l'humidité, inaccessible au soleil. Dès le porche étroit, l'œil détourné de la rue se trouble devant l'indécision du fond noir. Vaguement, à quelques mètres en avant, la rampe de l'escalier amorce la courbe de sa vis fuyante. D'un pied douteux on avance, tâtonnant. Au rez-de-chaussée, a-t-on dit, et nulle baie ne se révèle marquant le seuil du logis. Une inquiétude gagne le visiteur à mesure qu'il avance ; sur la curiosité se greffe le souci de l'inconnu, de l'invisible, presque l'instinct d'un danger... Ah! le danger existait! non terrible, mais ridicule. A côté de la première marche ascendante, des degrés glissants s'inclinent brusquement vers un trou d'ombre. Un pas de plus, et c'était la chute bête, le chapeau cabossé, le nez écorché. Il faut descendre. Pas d'appui, sinon la main au mur. Une, deux, trois, quatre! Ce rez-de-chaussée prend des airs de sous-sol. Enfin, la terre ferme! mais baignée de ténèbres où le regard clignotant cherche sa direction avec effort. Heureusement, grâce à cette minute d'hésitation, la pupille assouplie à l'obscurité en pénètre un peu les grisailles ; un point blanc se détache en face, à droite : une carte de visite piquée à la boiserie. De tout près, le nez dessus, on lit : *Nini-patte-en-l'air, danseuse excentrique*. Sauvé, mon Dieu! Nous voici au but!

Le logis est digne de l'accès.

Un plafond bas pèse sur des pièces étroites. La salle à manger d'abord, sans prise de jour sur le ciel, baignée, par une lampe perpétuellement allumée, dans une lueur de sépulcre ; puis, la chambre à coucher.

La chambre à coucher, c'est la salle d'étude. Étroite, encombrée, banale. Le lit grand, avec des rideaux de reps rouge, un piano, un canapé, un guéridon, quelques chaises d'acajou. Sur un panneau, l'entre-croisement gai d'éventails et d'écrans japonais, d'affiches multicolores rappelant les tournées de province ; sur l'autre, une cascade de photographies exhibant la patronne et ses rivales dans les plus raffinées postures du métier. Puis, discrètement noyés dans la pénombre du chevet, un amoncellement de bouquets, de paniers fleuris, de hottes feuillues, glorieux trophées, doux souvenirs de triomphes passés. Les titres de noblesse du professeur, comme qui dirait la croix de sa mère!

Au pied du lit, gît, languissante, une grande peau velue, marquant sur le parquet ciré une large tache blanche.

Rien qui parle aux sens, rien qui évoque l'idée voluptueuse ou même gaie. Un intérieur d'institutrice ou de grisette sérieuse. C'est là cependant que vont éclore les plus brillants papillons de nuit dont s'enorgueillissent nos vastes bastringues. C'est là que, lentement, ils dépouilleront leur malpropre chrysalide et pousseront leurs ailes; là qu'ils vont apprendre le sourire égrillard qui provoque, la pose appétissante qui tente, les soubresauts qui excitent, tout l'attirail subtil et pervers des aphrodisiaques de la danse. Et cette peau de bête insignifiante, cette banale descente de lit est l'enclume où se forgent les instruments de vice public les plus compliqués dont se gratte la corruption quintessenciée de notre fin de siècle.

Là aussi rôde parfois la femme bien vêtue, voilée, gênée, dont la voiture attend au carrefour voisin. Elles sont quelques-unes, ces mondaines nerveuses dont la richesse ne suffit pas à satisfaire l'insatiable besoin de sensations nouvelles. Sous leur crâne mou, les idées flottent, creuses ou à peine ébauchées dans le perpétuel grouillement d'appétits indéfinis, de désirs difformes. Elles ont tout vu, tout entendu presque tout fait et tout ce qu'elles ont vu, entendu, ou fait ne leur a laissé qu'un ennui sans désir de recommencer. Autre chose! autre chose! encore autre chose! Après l'opéra, il leur est venu jadis la curiosité de voir, dans son boudoir, la coryphée mettre et ôter son maillot; quelque soir elles ont aidé un cabotin à laver son fard; et le comique du café-concert leur a répété son inepte refrain dans l'intimité d'un cabinet particulier. Banalités que tout cela. Les grandes ailes fulgurantes du *Moulin-Rouge* les ont aussi mirées. A travers la foule compacte et agitée du mercredi et du samedi, elles se sont promenées au bras d'un ami contraint et embarrassé, parmi les bousculades, en quête de l'inconnu. Et en vérité, pour elles, il y a eu là du neuf. Une griserie lourde monte de ce bourdonnement houleux et pénètre lentement la cervelle. Les accidentelles rencontres de mains nues, les pressions brutales des torses viriles, les insinuants contacts des frôleurs mettent sur la peau un chatouillement. Au spectacle des danseuses tordues en de libertines postures a couru dans leurs veines un prurit sourd, maladivement excité par les regards sondeurs des filles tôt approchées, jetant aux oreilles, avec l'extérieure indépendance du bavardage futile, la provocation des sous-entendus lesbiens appuyée par l'attirance d'un toucher hardi, doucereusement.

Après ce ragoût de louche promiscuité devait surgir l'appétit de raffiner encore sur l'insuffisance d'aussi superficielles jouissances. De la passivité contemplative, certaines ont aspiré aux fièvres de l'exécution. Peut-il échapper quelque chose à la curiosité d'une femme? N'a-t-elle pas toujours, pour peu qu'elle soit jeune, ou jolie, ou d'esprit délié, des amis, des amants ou des sots à sa remorque? Un mot dans la conversation, une phrase dans le journal ont suffi pour la mettre sur la voie, et elle a su qu'il existait des femmes professant la danse en même temps qu'elles la pratiquent. L'une des plus habiles devait habiter dans ce coin du quartier Saint-Georges, et elle a fait elle-même son enquête, interrogeant l'épicier, le marchand de vin, le concierge ; et enfin elle a trouvé. Mais là, une terreur l'a prise d'entrer dans la maison borgne, de se voir subitement face à face avec ces mystères de la basse bohème. Et elle a regagné sa voiture, heureuse de sa découverte et honteuse de sa poltronnerie. D'ailleurs le retour dans la sécurité du domicile conjugal a déjà raffermi son courage. Sur le bureau de bois de rose la plume court fébrile. Demain, une page satinée, au réveil de la chahuteuse, mêlera aux miasmes pesants de son étroite alcôve les parfums discrets de la grande dame sollicitant sa visite et ses leçons. Huit jours après, l'élève saura, du bout du pied, décoiffer son mari debout en l'éblouissant de ses *dessous* imprévus. Pour peu que l'éducation se prolonge un mois, élève et maîtresse deviendront de vraies amies poussant la mutuelle tendresse aux extrêmes limites de l'intimité. Ces femmes de Montmartre sont si persuasives et le grand écart si suggestif !

C'est ainsi que s'opère de nos jours la réconciliation des classes dirigeantes avec les nouvelles couches sur le terrain de la danse.

LA LEÇON

BALANCEMENTS

LLONS! mesdemoiselles, à la leçon!

Et par l'étroite porte vitrée, deux à la fois, à cause du médiocre espace, entrent les élèves. Des filles jeunes, pas des enfants cependant, dix-huit ans, vingt ans peut-être. Dans la buée de cette atmosphère terne, une teinte sale patine uniformément les visages. L'écart des années se resserre sur une impression générale de maturité précoce. Qui sait d'où elles viennent? Quels métiers elles ont tenté? Quelle boue déjà elles ont piétiné? Les voici, avides de choses nouvelles, assoiffées d'apprendre, résignées au travail même douloureux, prises de la passion tenaillante de paraître sur les planches, où elles ont promené leurs pas hésitants les jours de noce, transformées en artistes, entourées, applaudies, acclamées par la foule, comme celles qui les ont étonnées et qu'elles envient. Elles viennent, encore lentes et peureuses, chercher ce je ne sais quoi qui assure la grâce du maintien, les idées qui rompent la monotonie des figures, ces assouplissements qui permettent les grands effets de geste et de posture; ayant éprouvé déjà que l'instinct et le goût de la danse ne suffisent pas pour créer une danseuse, et que là, comme partout, il existe des règles, des principes, des exercices auxquels il faut soumettre son corps, pour en faire une machine élégante et solide. Elles sont là ces singulières élèves, de toutes tailles, de tout volume, de tout poil; variées aussi de costumes. Celle-ci en rupture d'atelier, modiste ou couturière, avec sa robe de mérinos noir unie, son chapeau fait d'un chiffon et d'une plume chipés, ses bottines avachies. Celle-là remonte du trottoir : l'œil veule, les bras ballants sous l'imperméable pisseux, lamentable housse d'un corsage en soie percé à jour. Une autre bien habillée, empanachée, fleurant l'opoponax, piquée dans des souliers vernis, affirme l'autorité de la prostituée veinarde à qui un amant paye une fantaisie. Quelques-unes, presque vierges, échappées à la famille. Une égalité cependant rapproche toutes ces antithèses : l'uniformité des dessous. Avant de pénétrer dans la chambre d'étude, elles ont dû revêtir le même pantalon blanc fermé, large de fond et serré hermétiquement au-dessus du genoux; puis un jupon long, plissé, simple, garni de dentelles par-dessus et par-dessous, le cadre et la décoration indispensable des jambes de la danseuse.

De ce jupon doivent partir les plus captivantes impressions du public. Il est l'écrin douillet des bas de soie moulés sur les mollets nerveux, dont il capitonne la courbe parfois un peu grêle. Il harmonise les contours. Sa mobilité, plus souvent qu'elle ne voile les membres, les pousse en vedette : elle ne les cache que pour inspirer le désir de les voir. Esprit malin déguisé en nuage, glissant sur la femme pour en arracher une impalpable parcelle qu'il lance, dans ses plis, aux yeux des hommes troublés. Il ondule, il se replie, il s'écrase, il s'étend interminable, aussi énervant, en son simulacre de décence, que le voile de gaze transparente dont la *saltatrix* antique soulignait le galbe de sa nudité dans les fêtes de Rome décadente.

Le premier devoir du jupon est d'être retroussé.

Le jupon est le véritable instrument de travail de la danseuse ; il ne quitte pas ses mains, c'est son point d'appui ; à la fois son épée et son drapeau !

Mais de même que pour mériter l'honneur de porter l'étendard il faut avoir conquis ses grades, ainsi l'élève ne sera admise à en prendre possession qu'après une série d'exercices préparatoires assurant à tous ses membres une dextérité suffisante pour saisir l'objet sacré avec la grâce pénétrante dont il doit devenir l'auxiliaire et le complice.

Les jambes d'abord veulent être déliées. Les *balancements* sont l'*a*, *b*, *c* de cette étude.

Appuyée sur un montant du lit, debout, la fille lance une de ses jambes en avant et en arrière comme un balancier suspendu aux hanches. Mollement le membre monte et descend, emporté par l'élan de son poids. Cela ne demande ni force ni intelligence. Un abandon mou qui cherche la souplesse et l'égalité. Le métronome vivant. L'important est de se mouvoir ainsi longtemps. Et longtemps se prolonge le travail monotone avec un ennui sur le visage, puis, peu à peu, une lassitude pesante partout.

— Dis donc! *la Japonaise*, est-ce que tu frottes le parquet? Tu lèves la patte comme un chien qui p.... Faut-il un valet de pied à mademoiselle pour l'aider? Allons! allons! bon sang! du nerf, et plus vite que ça!

Sous l'injure, la taille se redresse avec effort, le mouvement reprend son cours et s'accélère, puis s'entrecoupe, irrégulier. Avec l'excès de lassitude vient la raideur. Plus rien de bon à faire.

Repos.

Après une courte pause, elle recommencera, et encore, et toujours. Et chez elle, partout où elle aura quelque liberté, l'aspirante soucieuse de ses progrès devra reprendre cette première gamme qui, seule, entraîne l'aisance des mouvements de ce côté.

BRISEMENT DES CUISSES A TERRE

'AILLEURS, il ne suffit pas qu'elles soient déliées, les pauvres jambes, elles doivent encore acquérir, en tous sens, une indépendance absolue. Pour en arriver là des manœuvres assez cruelles s'imposent.

Lever la jambe n'est rien ; simuler le grand écart, c'est peu. Mais faire voltiger le bout de son pied à trente centimètres au-dessus de ses cheveux sans plier le genou, et s'asseoir carrément par terre entre ses cuisses inversement étendues constituent deux opérations d'une exécution très difficile. Impossible de soupçonner les mille petites misères que la nature sème sur le chemin des hommes, et même des femmes quand on entreprend de la perfectionner. Tout le monde marche, donc on est en équilibre ; tout le monde s'assied, donc les membres sont articulés. Mais s'agit-il de porter son talon un peu plus haut que d'ordinaire, voilà l'équilibre rompu. S'avise-t-on de plier un membre un peu plus que ne l'exigent les allures ordinaires de la vie, l'articulation devient aussi rebelle que si elle n'avait jamais fonctionné.

Les études dont nous nous occupons tendent à un double but : le *grand écart* et le *port d'armes*. Pour réaliser correctement le premier, la danseuse doit se laisser glisser librement sur un talon, comme un compas qui s'ouvre, jusqu'à ce que la partie inférieure du bas-ventre touche le sol, les deux jambes étant horizontalement posées à terre, soit en avant et en arrière, soit à gauche et à droite.

Pour le second, il faut que, debout, chaque jambe puisse se redresser, jusqu'à ce qu'elle s'applique contre l'épaule perpendiculairement au sol, comme le fusil du troupier, l'autre jambe supportant l'aplomb du corps.

Ainsi la dislocation complète du bassin est nécessaire. Ce serait chose facile à obtenir sur des enfants ; sur des adultes, c'est une grave opération.

Mais il y a plus encore.

Aussitôt qu'on tente de lever la jambe, elle se plie. Une malicieuse contradiction entraîne la flexion du genou en sens inverse de celle du fémur. Rien de plus naturel. Les muscles de la jambe ont une longueur moyenne calculée par la nature sur les nécessités des mouvements normaux. Dès que vous exagérez un de ces mouvements, le muscle se tend comme une corde de violon dont on serre la clef. Insiste-t-on il oblige, par action directe, l'articulation voisine à se mouvoir. C'est un levier sur lequel on pèse, et qui soulève un poids.

C'est cette concordance qu'il s'agit de vaincre, de telle sorte que l'articulation du fémur, même en subissant une évolution complète, laisse à la jambe sa rigidité absolue.

— Sur le dos! *la Cloche!*

Docile, la fille s'est étendue sur la peau de bique. Accroupie à côté d'elle, face en avant, la maîtresse commence sa besogne. Elle a saisi un pied par la cheville, de la main droite; de la gauche, elle tient le genou, et elle fait mouvoir le membre plié comme un X mobile, jusqu'à ce que la rotule frappe l'estomac, et le talon la fesse. Le travail, commencé avec une certaine lenteur, s'accélère progressivement. Aux pressions douces succèdent les élans rapides. Les chairs sur les chairs se tassent et se froissent. Le sang monte à la tête de la patiente. Son cou se soulève en un besoin instinctif de voir ce qu'on fait de ses membres abandonnés. Et la rotule et le talon, avec la régularité d'une machine à vapeur, cognent leur enclume vivante, traçant sur la peau, tendue comme un tambour, de bleuâtres contusions. Une douleur sourde se glisse dans les veines. Vainement, pour la fuir, les reins cherchent à se déplacer. Une impatience monte aux lèvres, à voix basse, intimidée, elle murmure : « Madame! Madame! O madame! » Mais *madame* n'entend pas. Inflexible elle poursuit sa rude besogne, rougie elle-même par l'effort, insensible à sa propre fatigue autant qu'à celle de l'autre, ployant et reployant rudement le mollet sur la cuisse, et la cuisse sur le ventre jusqu'à ce que soit atteint le nombre de flexions réglementaire.

Ouf! c'est fini!

Elles s'asseyent essoufflées et silencieuses. Pendant un instant, c'est dans la chambre un bruissement de poumons surmenés, tandis que les mouchoirs, épongeant la sueur des fronts, mettent le flottement d'une tache blanche sur la masse opaque des deux femmes affalées, çà et là, dans la pénombre du canapé à contre-jour.

Court répit.

— Allons! la *Cloche!* sur le dos!

Et à terre voici de nouveau étalée l'inertie de son corps. Debout cette fois, la maîtresse fait jouer une jambe raidie sur la seule articulation du bassin, l'autre jambe restant horizontalement à terre. Tant que l'amplitude du mouvement ne dépasse pas sensiblement l'angle droit, point de difficulté; mais dès que le professeur force un peu, ou bien le genou de la jambe en l'air se plie, ou bien la jambe à terre se déplace.

Alors, pour maintenir la correction de la pose, une lutte commence entre les mains qui brisent et le corps qui résiste. Tant qu'elle peut, la maîtresse pèse sur le membre relevé, tout en le maintenant rigide, et elle s'efforce de le rapprocher du thorax. C'est avec ses pieds, ses genoux au besoin, qu'elle fixe au sol la jambe horizontale; et la fille gémit, sourdement d'abord, sous la douleur qui la déchire. Penchée sur elle, agenouillée, presque étendue, son bourreau augmente insensiblement sa pesée. Tout craque, et bientôt de vrais cris montent de la masse des deux créatures enchevêtrées.

— Oh! là là! Oh! là là! J'vous en prie, assez! Oh! maman! maman! Ça fait mal!

La plainte lamentable s'épanche en rauques vagissements sans émouvoir le professeur. Plus fort, plus fort encore, au point de troubler le spectateur. A première vue cette femme penchée sur une autre, les jupes troussées, manipulant ses membres, esquisse un groupe d'aspect folâtre. L'enlacement des jambes, et l'étroite soudure des ventres accolés, jusqu'aux premiers soupirs, éveillent le sourire gaillard. Mais en un clin d'œil la réalité s'impose. Ce n'est point d'équivoques étreintes qu'il s'agit. Là s'accomplit un travail difficile et rude. Une vérité de souffrance se dégage si intense qu'elle attendrit, et l'impitoyable persévérance du professeur inquiète.

— Oh! là là! Madame! je crois que c'est cassé!

Et elle essaie de soulever ses reins, de se dégager avec ses mains, ses petites mains qui se tendent, désespérées, et agrippent en vain les mains plus fortes qui la tiennent.

— A bas les pattes!

Et sous la réponse narquoise elle retombe, impuissante.

Le vampire suçant sa proie n'est pas plus tenace. Il semble que le professeur prenne un âcre plaisir au mal qu'il fait. Les cris le stimulent et entretiennent ses forces. Rien ne l'arrête. Maladivement un rêve sadique monte au cerveau, évoquant le souvenir d'une effroyable conception de volupté uniquement satisfaite dans la jouissance d'une cruelle et commune agonie.

Pourrait-elle se relever? On se prend à craindre que vraiment quelque tendon soit faussé, quelque ligament écorché. Est-il possible que cette frêle charpente sorte intacte de telles secousses? D'ailleurs, elle ne bouge guère. Péniblement, le buste s'est un peu redressé; mais, mal secondé par les reins qui défaillent, il reste incliné sur le soutien tremblant d'un poignet fixé à terre. La tête roule et des mèches de cheveux dépeignés se collent aux sillons des larmes.

Bah! un mauvais moment est bientôt passé. Le sang circule vite chez les jeunes. Une blague des camarades achève la guérison.

— Avec cette gueule-là, tu ne feras jamais un miché sérieux, observe très sérieusement la plus jeune, une gamine de dix-sept ans; et le contraste est si comique entre l'anéantissement de la pauvre créature mal fichue, triste, suante, et l'hypothèse d'une séduction dans la haute banque, qu'un violent éclat de rire général amène un sourire sur les lèvres mêmes de la *Cloche*. Et moitié rigolant, moitié geignant, gauchement elle s'est hissée pour retomber sur une chaise.

— Silence, mesdemoiselles! A vous, la *Japonaise!*

BRISEMENT ASSIS

La *Japonaise*, un peu plus avancée, va subir une trituration du même genre, mais assise.

Toute seule d'abord elle s'essaye. Attirée des deux mains, sa jambe se dresse presque parallèlement au corps appuyé au dossier. Mais aussitôt le genou plie et les fesses glissent. Pas moyen de se retenir. Peu s'en faut que la nuque vienne toucher le siège. L'énergie de chaque tentative augmente la rapidité de la dégringolade. Et ces jambes gigotant dans le vide des jupons remontés en fouillis sur la tête perdue, montrent une basculade très drôle, qui met l'assistance en joie.

Mais c'est bientôt fini de rire.

Le professeur arrive à la rescousse. Empoignant une cheville de la patiente, il cale solidement avec ses propres mollets la jambe assise, et franchement, du premier coup, pousse le membre rigide jusqu'au défaut de l'épaule. Le va-et-vient se poursuit cadencé, comme si on faisait mouvoir un bras de pompe. L'articulation du bassin, déjà précédemment assouplie, offre peu de résistance, et cependant le dernier centimètre franchi par le tibia avant de toucher le col contracte le visage de l'élève.

Les deux autres, tapies là-bas dans un coin, ont vu cela dix fois. C'est pour elles une banalité. D'où viennent donc ces chuchotements joyeux et ces pouffements de gaîté contenue? Oh! de presque rien. Mais quiconque a étudié en commun sait qu'il en faut peu pour distraire une classe.

Or, un petit incident s'est produit.

Une morale austère préside aux cours. Non seulement le pantalon est fermé, mais encore doit-il se serrer au genou, si étroitement, qu'il ne laisse point apercevoir la moindre trace de peau. Une culotte de nonain n'est pas plus chaste. Par-dessus de telles gaines, les jupes sont presque superflues. C'est à croire que le modèle en a été soumis à l'approbation d'un concile. On danserait avec cela devant le pape sans craindre de le scandaliser. Malheureusement, le diable est un malin, et voici ce qu'il vient d'imaginer pour déjouer la pruderie scolaire. Dans la blancheur mate du madapolam, une tache sombre a paru. Petite d'abord comme une pièce de cent sous, elle a passé sous les yeux distraits des assistants, sans les émouvoir. Mais, à chaque mouvement, elle grandit et se caractérise.

A n'en pas douter, une fissure s'est produite dans le vertueux indispensable, et justement à l'endroit que son premier devoir est de cacher. La fente s'agrandit avec de petits craquements si discrets, que l'animation de la leçon empêche les intéressés de s'en apercevoir. La voici large comme la main. L'indispensable est devenu complètement inutile. La bonne humeur des filles déborde bruyamment Le professeur, stupéfait, s'est arrêté :

— Eh bien! qu'est-ce qui vous prend, tas de grues? Voulez-vous que je vous f...iche à la porte?

Et en vérité elle est stupéfaite de cette infraction aux règles du respect hiérarchique. Le courroux de son visage ne triomphe pas de l'hilarité nerveuse. Elles se tordent. Elles en pleurent. C'était si drôle cette chose qui s'était montrée tout à coup, comme une figure qui se met à la fenêtre. Et quelle figure!

— Oh! là, là! Elle n'a pas de nez, mais la bouche est grande! Où sont les dents?... Hou! Hou! la vilaine barbe!...

Des hoquets entrecoupent les phrases hachées par le rire qui leur secoue les côtes. Enfin, c'est compris, et le professeur enrage :

— Cochonne! Salope! Tu sais, faut rester chez toi si tu viens ici pour faire des ordures! Si tu crois que tu te..... de moi longtemps, tu te trompes. Ah! tu mets des pantalons usés pour montrer ton c..! Va-t'en l'donner dans la rue aux passants, si ça te plaît, nom de D...! mais pas chez moi, entends-tu? J'sais bien que tu l'as fait exprès, saleté! Tu l'as peut-être bien troué toi-même. Ah! tu croyais que le journaliste viendrait aujourd'hui, et t'as voulu lui taper dans l'œil avec ton truc! Avec ça qu'il est chouette! Tu en dégoûteras plus comme ça que tu n'en prendras; c'est moi qui te l'dis. En attendant, tu sauras qu'on est ici pour travailler et pas pour lever des hommes. Tu peux te taper! F...-moi le camp! Ouste!

Sous l'avalanche d'injures la pauvre fille, émue, se tâte, s'examine et découvre la catastrophe. Elle est en larmes, protestant que ce n'est pas sa faute, que son pantalon est neuf; qu'elle n'y a pas touché. C'est un hasard. Et les autres intercèdent en sa faveur. Une si bonne élève! si sérieuse.

— J'vous assure qu'elle n'a jamais fait de l'œil au

journaliste. D'abord tout le monde sait qu'il a un béguin pour la grande Adèle. Y n'y a rien à faire avec lui. Et panné, par-dessus le marché. Bien sûr que madame se trompe. C'est un accident!

On vérifie. En effet, la culotte a peu servi. Aucune trace de coupure au ciseau. Mais un double froissement à hauteur de la jarretière révèle ce qui s'est passé. Pour maintenir fixe la jambe au repos, la maîtresse l'a serrée si énergiquement dans l'étau de ses deux genoux, que l'étoffe n'a pas conservé le jeu nécessaire; le fond, se trouvant ainsi rétréci, a craqué sous la vigoureuse traction de la jambe levée. D'où la désastreuse et indiscrète échancrure!

Tout s'expliquant au mieux des sains principes, l'émotion se calme, et la paix est cimentée par un verre de cognac.

LE GRAND ÉCART

Ces deux exercices ont une extrême importance au point de vue de la dislocation indispensable à la danseuse excentrique. Seuls, par la longue pratique, ils répandent dans les membres une robuste élasticité, et il est bon d'y revenir quelquefois pour l'entretenir, même après réussite complète du brisement. Ils sont deux échelons communs à la poursuite du *port d'armes* et du *grand écart.* Mais à ce point, une bifurcation s'opère. Alors que le *port d'armes* est d'une réalisation encore assez lointaine et peut-être incertaine, le *grand écart* sera très prochainement exécuté facilement. Il suffit pour cela de donner aux cuisses leur direction définitive. En effet, ce n'est point en se couchant sur le dos, non plus qu'en s'asseyant sur un meuble qu'on plante ce clou du quadrille naturaliste. C'est de la position verticale qu'on doit arriver franchement, d'un jet rapide, à cette assiette spéciale du torse entre les jambes écartées et divergentes. Cela ne peut se faire du premier coup, même après des brisements prolongés et réussis, parce qu'il est impossible, dans le décubitus dorsal, aussi bien que dans la posture assise, d'opérer le brisement dans le sens exact que doivent prendre les jambes en exécutant le tour de force. On risquerait fort, en obligeant l'élève à se lancer tout de suite, de déchirer quelques ligaments dont la rupture entraînerait des troubles fâcheux et des douleurs vives.

Voici comment on procède.

L'élève glisse lentement sur le talon droit dirigé en avant, jusqu'à ce que le genou gauche touche terre; puis, en s'appuyant d'une main sur une chaise, elle accentue autant que possible son écartèlement, qui la laisse encore suspendue à quelques centimètres au-dessus du sol. Ici l'intervention du professeur redevient nécessaire. Debout et courbé sur sa victime, il pèse simultanément sur une épaule et sur une hanche, d'abord par petites saccades, puis plus énergiquement, puis finalement de tout son poids, à mesure qu'il sent, grâce à un tact indispensable, céder les dernières résistances des muscles. Et il se produit là une bataille curieuse et poignante entre la nature violentée et la volonté intelligente qui la réforme. Pour éviter de franchir l'imperceptible distance qui le sépare du sol, il n'est pas de ruse que ne déploient le bassin et ses annexes. D'instinctives contractions neutralisent les assouplissements conquis par les précédentes études, comme si cet abaissement complet entraînait une réelle déchéance pour le corps qui se débat. Les jambes, complices inconscientes, se plient et se dérangent, les épaules obliquent et les pieds se cambrent. Le professeur se multiplie. D'un talon à l'autre, il maintient, corrige, rectifie les alignements, sans perdre possession du torse, auquel il a imposé son joug. Un fougueux pianiste ne parcourt pas plus rapidement son instrument, ni avec plus de précision. Entre le maître et l'élève, c'est une lutte d'adresse, de vitesse et de force. Finalement, le maître triomphe. Mais la victoire ne lui appartient que lorsque le ventre de l'élève a mordu la poussière.

Alors le *grand écart* est accompli !

D'où vient le *grand écart?* Quelle fantaisie cérébrale, quel emportement d'ivresse a enfanté cette aberration du geste?

Qui saurait le deviner et le dire?

Tout s'explique dans les ballets et dans les danses de caractère. Depuis le XVIe siècle jusqu'à nos jours des livrets et des traités ont décrit les faits, et les idées que la danse trace dans ses figures et ses mouvements. Au siècle d'Auguste, les lascives évolutions des mimes troublaient à ce point les dames romaines, que Juvénal flétrissait crûment leur effronterie en ces vers suggestifs :

> Chironomon Ledam molli saltante Bathylo,
> Tuccia vesicæ non imperat; Apula gannit
> Sicut in amplexu!.....

De nos jours la férocité guerrière des nègres Dahoméens se traduit en farouches mêlées intelligibles même aux Européens qu'elles terrifient.

Les pointes, les jetés-battus et les entrechats des étoiles de l'Opéra signifient une foule de jolies choses dont une longue pratique et des traditions puériles nous livrent le secret.

La crainte, le désir, l'amour, la beauté, la haine, le parfum des fleurs, le plaisir, l'ennui, le sommeil, la douleur, les joies de la maternité, l'aspiration au ciel, et même des sentiments beaucoup plus compliqués sont exprimés tous les soirs très simplement, avec les bras et les jambes, par Mlle Mauri, Mlle Subra, Mlle Violat, Mlle Blanc, Mlle Désiré, Mlle Invernizzi et leurs émules. Mais tout cela s'opère en sautant, en s'inclinant, en agitant une jambe par-ci, un bras par-là, en se chatouillant le nez, en se grattant l'oreille, en frottant le parquet, en dodelinant de la tête, en se trémoussant du haut en bas, et de bas en haut. Et quand nos sympathiques pensionnaires de l'Académie nationale ont poussé le scrupule du réalisme jusqu'à se laisser choir sur les bras nerveux d'un camarade, pour feindre le délire suprême où les a jetées la passion, en une attitude soigneusement arrondie, nous applaudissons, résignés, avec la certitude d'avoir interprété sainement ce tableau connu.

Le *chahut* aussi repose sur une vive et spirituelle traduction des scènes de la vie familière. Tout homme d'une intelligence moyenne est apte à les comprendre. Mais, à Dieu ne plaise que ma chaste plume vous en retrace quelques échantillons. Qu'il vous suffise d'apprendre ici que tout comme les ballerines de l'Opéra, celles du *Moulin-Rouge* et de l'*Élysée-Montmartre* disent le désordre des sens et les gaîtés du cœur, les plaisirs et les blagues de l'amour. Pour cela, il leur suffit de faire appel à quelques gestes significatifs et précis dont elles soulignent le ballon de leurs jupes, dont elles entre-mêlent les fioritures de leurs jambes. Bras, jambes et torse jouent, par des procédés différents, le même rôle que dans un ballet.

Mais le *grand écart* nous déroute.

Le propre de la danse, c'est le mouvement ; et il est l'immobilité. Le charme de la danse, c'est la légèreté qui voltige, et il n'est qu'une chute difforme. La recherche de son sens réel, de sa figuration synthétique conduit le raisonnement à de telles infamies qu'il résiste et recule, comme le cheval devant une charogne. Après cette ostentation d'impudeur dont se parent les figures du quadrille, après cette feinte prolongée du trouble des sens, ces démonstrations brutales de désirs, ces figurations de touchers lascifs et d'offertoires éhontés, une griserie monte au cerveau de la créature. Une fièvre envahit ses veines, boit son sang, mange ses nerfs, avachit ses muscles. Et, dans un dernier abaissement, la femme, terrassée par l'ivresse, épuisée par l'orgie, s'abîme dans la boue!

Heureusement, ce symbolisme attristant échappe à la plupart des spectateurs. A n'en pas douter, les quatre-vingt-dix-neuf centièmes des gens qui regardent un *grand écart* au *Moulin-Rouge* se bornent à constater là un procédé original d'allonger ses jambes au ras du sol pour se reposer de cascades folâtres. Et comme cela s'opère avec une glissade acrobatique amenant une exhibition de mollets, le spectateur bon enfant se rince l'œil paisiblement en savourant *in petto* sa petite vibration intime. Cela suffit à son bonheur. Il ne demande rien de plus. A quoi bon chercher une idée au delà?

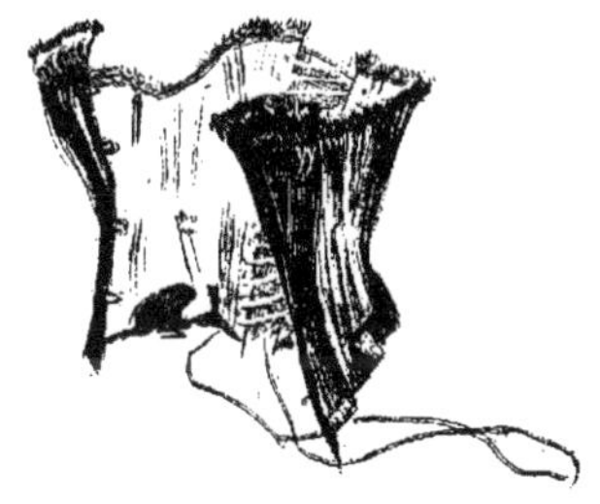

BRISEMENT DEBOUT

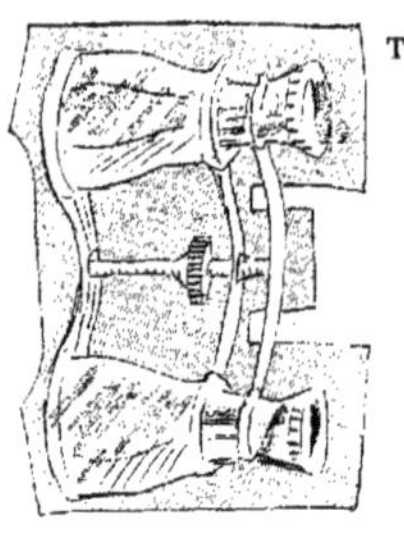

T cependant, le spectateur gâté ne se contente plus du *grand écart* pour accorder ses applaudissements à une danseuse. Le *grand écart* est aujourd'hui l'enfance de l'art, quelque chose d'ordinaire, et de déjà vu. Pour exciter le murmure admiratif, il exige un à-propos et une sûreté qui donnent à ce disgracieux effondrement une apparence de souple abandon, de facilité distinguée, de désespérance alanguie : le suicide d'une morphinomane!

Et quand la danseuse est parvenue à ce perlé, si elle ambitionne le rang d'étoile, il faut encore qu'elle atteigne la même perfection dans le *port d'armes*.

Le *port d'armes* s'exécute debout, la tête haute, avec la crânerie d'un défi.

Les attitudes préparatoires jusqu'ici décrites correspondent mal à tant de fierté. Donc, c'est debout que l'élève doit franchir le troisième échelon des difficultés à vaincre.

Contre le mur, dans l'encoignure d'une armoire, le

professeur l'entraîne et l'adosse face à face. Il lui relève une jambe le long du corps, vers l'épaule, en pressant sur elle énergiquement. Là, il y a peu de prise; l'équilibre est instable. L'adresse du professeur joue un rôle aussi important que sa force. Ce n'est pas une petite affaire que de maintenir verticalement ce corps déjà robuste dont l'instinct se rebelle contre les torsions qu'on lui impose. A droite, à gauche, il s'échappe et dévie; souvent il s'affaisse; quelquefois les bras s'avancent avec des airs de résistance. La maîtresse a l'œil ouvert et la main prompte. Là se révèlent surtout ses muscles d'acier. Sa vigueur et sa précision parent aux moindres défaillances. Impossible au membre en travail de quitter contre son gré la difficile et encore douloureuse position.

Dans cette sorte de lutte, le groupe mal éclairé revêt un aspect fantastique et macabre; les deux femmes peinant, soufflant d'ahan, les vêtements en désordre, si étroitement pressées, que l'une semble poursuivre la folle entreprise d'incruster l'autre dans le mur. Est-ce vraiment d'ailleurs une créature humaine que cette molle et grisâtre silhouette flasquement collée à la paroi de la chambre? Ce cou lassé, ces bras qui ballottent sans gestes, cette jambe même rendue invraisemblable par sa pose contre nature figurent plutôt un fantoche inouï, quelque sinistre marionnette soumise aux mystérieuses pratiques d'un moderne envoûtement. Un bruit de souffle contraint et sourd flotte autour de ces maléfices. N'entendons-nous pas le dernier soupir de la lointaine victime jeté par son âme envolée sur la tête du magique bourreau?

Illusion de courte durée. Une telle besogne ne saurait se prolonger. Après quelques efforts heureux, c'est-à-dire lorsque les os ont fortement craqué, lorsque la pointe du pied, plusieurs fois a nettement touché le papier peint au-dessus de la tête, en y marquant son empreinte, les deux personnages se sont disjoints. Ils rentrent dans la lumière. Ce sont nos deux femmes de tout à l'heure, et, quoique fatiguées, bien vivantes. Point de maléfices, point d'envoûtement! Tout au plus de la chirurgie de rebouteur. Nicolas Flamel est étranger à l'événement, mais l'Académie de médecine y apprendrait peut-être quelque chose.

D'ailleurs, contrairement à l'usage des princes de la science, ici on garantit la casse. Ça peut faire mal, mais ça n'est jamais nuisible. Les premiers jours, une courbature des reins, l'endolorissement du mollet et du gras des cuisses. Mais, à la troisième leçon, ces vestiges de l'effort ont disparu. Et le violent entraînement ne laisse subsister que le bien-être d'une saine gymnastique.

Tenez! en voici la preuve :

L'élève, qui paraissait rompue, est sur pied avant son professeur. Une noble émulation l'a remise toute seule à l'ouvrage, et elle s'applique à recommencer son essai de port d'armes. Son truc est assez ingénieux.

La porte étant ouverte, elle a posé, debout, son talon contre le mur; de la sorte, elle peut saisir le chambranle et se faire un point d'appui contre lequel elle s'arc-boute en opérant sur sa jambe dressée entre son corps et la cloison une pression énergique. C'est dur! Dur aux mains qui s'égratignent aux arêtes vives des boiseries; dur au talon qui se meurtrit sur le plâtre; dur aux reins obligés de se maintenir droits et de jouer en même temps leur rôle de bélier. Son zèle la soutient cependant, et, malgré tout, elle persiste. La face congestionnée, les yeux hors de la tête, les lèvres crispées, elle pousse toujours jusqu'à ce que son ventre atteigne le même contact que son talon, au mur.

C'est bien l'exacte position du *port d'armes*.

Mais, en dansant, il faut que cette posture difficile devienne un geste naturel, fendant l'air avec la rapidité d'une flèche, sans effort, sans mur et sans auxiliaire. La dislocation étant opérée, reste à savoir la manière de s'en servir. Impossible d'en faire usage sans la doubler de l'agilité indispensable pour la présenter au public en manière de divertissement.

LA SÉRIE

Pour cet affinement de l'éducation on potasse *la série*. L'élève jette sa jambe en avant, bien droite, sans la plier, si haut qu'elle peut monter. Cela se fait sur place, en marchant, ou en tournant, le jupon également tenu du bout des doigts, souvent deux à deux.

— Allons, Camille! faites vos pas!

Camille, une petite brune pâle et d'une maigreur nerveuse, se met à la besogne. Pas très douée pour cela, avec du goût cependant. On sent des articulations raides, mais de la volonté. Le pied est lancé franchement, mais il ne s'élève pas, retenu par des ligaments du bassin non suffisamment extendus.

— Allons donc! Camille! Plus haut que ça, non de D...! Jamais vous ne serez fichue de décrocher un chapeau! Avancez donc! Une, deux; une, deux; une, deux! — Allons, c'est moins mal; avec la *Japonaise*, maintenant, et de l'ensemble.

La *Japonaise* est venue prendre sa camarade par la

main, la dominant au moins d'une tête, et elles attendent le signal.

— Attention! Cinq fois sur place d'abord. Allez-y! Une, deux, trois!... Oh! là, là! là, là! Est-il possible de saloper du travail comme ça! Puisque je vous dis sur place, ça n'est pas pour que vous vous baladiez!

En effet, à chaque élan, le corps mal équilibré s'est dérangé de sa position première. Le pied posé à terre se cramponne péniblement au sol et se déplace involontairement.

On recommence.

— Un, deux, trois, quatre, cinq!

Cela va mieux. Une certaine régularité s'établit, et les battements montent et descendent sagement rythmés.

— En marchant, maintenant.

Du fond de la petite pièce, la main dans la main, les deux filles s'avancent. Chaque fois que le pied mobile retombe, elles assemblent sur lui le pied resté à terre, progressant d'un petit pas. Et ainsi approche lentement ce floconneux tourbillonnement de jupes, fouettant l'air comme un paquet de lingerie battu à coups de bâton.

— Hopp! Allez! — Hopp! Allez! — Sur place maintenant. Cinq coups! Une, deux, trois, quatre, cinq! En avant! Hopp! Ne bougez plus! Encore cinq coups sur place! Un, deux, trois. Eh! bien! Qu'est-ce que vous f..... à venir ici? Je vous ai dit sur place! Recommencez! Un, deux, trois, quatre, cinq! Tournez! Allons, plus vite, bon Dieu! Hopp! Allez! Hopp! Plus vite! Plus vite! Sur place! Un, deux, trois, quatre, cinq! C'est pas mal!!

Après une courte pause, la leçon se complète par le *tourniquet*. C'est le même exercice exécuté en se donnant la main à contre-sens. Au milieu de la pièce, les élèves tournent en levant la jambe et en réglant leur allure l'une sur l'autre.

La *série* joue un rôle important dans cette éducation, parce que, à elle seule, elle est la base du *cavalier seul*. Beaucoup de danseuses émérites s'en contentent, soit qu'elles la pratiquent en faisant le tour de l'enceinte de danse, appuyées sur leur cavalier; soit qu'elles restent seules, au centre, multipliant les lançades et tournant sur place sans autres fioritures que les agaceries du jupon.

Constamment en effet, au cours de ces exercices violents, le jupon vient à la rescousse, et c'est lui qui en tempère et adoucit la brutalité. Aussi la manière de le prendre, de le tenir, de l'agiter sont-ils la matière de préceptes particulièrement délicats.

On y revient sans cesse dans le cours de cette éducation spéciale, et sans cesse on y trouve matière à perfectionnements. Suivant la taille, la corpulence, la tournure du sujet, ces règles peuvent subir des variantes et des nuances d'application. Mais il est facile de les résumer toutes en un mot :

« De la grâce, de la grâce, et encore de la grâce! »

Et la tâche la plus délicate du professeur consiste à discerner et à développer les élégances instinctives de ses élèves.

— Attention! mesdemoiselles, regardez-moi bien!

Le professeur, pinçant de chaque côté sa robe à hauteur des genoux, la remonte lestement à la taille par un petit tordion des reins. Vivement il la maintient appliquée aux hanches sous les coudes refermés, en même temps que, d'un coup sec de la jambe droite rigide, il élève la dentelle inférieure du jupon blanc à hauteur de sa main. Celle-ci juste à point se trouve là pour le prendre entre le pouce et l'index, le bras franchement étendu. Simultanément la main gauche a saisi la garniture de l'autre bord, et, ramené sur le ventre une poignée de baptiste chiffonnée. Une demi-seconde! A peine le torse décrit l'imperceptible courbe d'un salut discret et, le sourire aux lèvres, droite et d'aplomb, le professeur promène sur l'auditoire attentif son calme regard, coquettement posée, prête à partir.

— C'est bien simple, n'est-ce pas? Tout le monde a vu et compris? Eh! bien, maintenant, faites-en autant! Et surtout de la grâce!

Ah! cette prise du jupon, combien peu de chose en apparence! En réalité grosse affaire! C'est le premier geste qui tente l'œil du spectateur. De lui dépend d'abord sa bienveillance ou sa mauvaise humeur.

En vérité il est charmant ce geste!

Léger, mutin, spirituel, il entr'ouvre le rideau sur l'adorable troupe des charmes féminins; non dans leur nudité, mais assaisonnés des fanfreluches intimes qui en décorent malicieusement les plus mystérieuses arcanes. La crudité fulgurante des bougies électriques glisse un papillottage exquis sur ce fouillis de blancheurs accentuées çà et là d'un pli heureux, d'un nœud vif, d'une jarretière nette. Terre promise des délices défendues, les formes se révèlent à peine esquissées, mais tendues et vibrantes, si proches qu'elles semblent à portée de la main, si mobiles qu'elles défient la capture; et presque sans impudeur, tant est fugitive l'apparition sitôt abritée derrière la neige touffue des volants de dentelle. Donc, il faut le prendre ce jupon! Il est là tout près, couvert par la robe et frôlant les chevilles. Il faut le prendre par le bas, sans se baisser, sans déranger l'axe du corps, sans quitter des yeux l'assistance. Le professeur vient de le faire si simplement, que cela semble un jeu d'enfant. Est-ce réellement si aisé ?

Les tentatives commencent.

Hélas ! quelle désillusion ! Dès le premier mouvement l'équilibre est rompu. La taille vacillante exhibe des profils de colonne torse, le nez se baisse triste, les bras se détraquent. L'élève, trébuchante, oscille gauchement. Peu s'en faut qu'elle ne tombe. Et le professeur raille, s'échauffe, injurie. Stimulée par les cris et les rires, la malheureuse s'obstine et revient à la charge. Rouge, humiliée, rageuse, dix fois, vingt fois, maladroitement, elle recommence, et le maudit jupon malicieusement fuit et dérobe son ondoyante fluidité. Après de longs jours, souvent des mois, l'élève prend enfin, avec la dextérité nécessaire, possession du rebelle. Quelquefois jamais.

La femme peut acquérir la force et la souplesse, mais il faut qu'elle naisse gracieuse ; sinon elle ne le deviendra pas.

Dès qu'une jeune fille sait prendre et tenir ses jupes, elle est en état de se présenter au public. Elle n'excitera peut-être pas l'enthousiasme des *dilettanti*, mais elle pourra plaire. Cela suffit, en attendant mieux.

LA GUITARE

VANT d'arriver au *port d'armes*, les *brisements* et la *série* permettent d'utiliser un exercice intermédiaire assez pittoresque, appelé la *guitare*. La femme élève une jambe, toujours rigide, jusqu'à ce qu'elle forme avec le torse un angle presque droit. De la main opposée, elle tient le bas de son tibia, comme le manche de l'instrument de musique en question, et de l'autre, elle simule sur sa cuisse le grattement des cordes. Cet accompagnement muet des mélodies orchestrales réalise un instant l'accouplement le plus pittoresque, non sans ironie, de *Therpsychore* et d'*Euterpe*[1].

Les professionnelles en tirent un excellent parti en faisant succéder brusquement l'immobilité simple de cette attitude aux arabesques compliquées de leurs rapides gambillades. L'arrêt surprend le spectateur, le déroute et l'at-

1. Cette phrase n'a pour objet que de gagner à l'auteur les suffrages de l'Académie française le jour où il briguera la succession au fauteuil de M. Émile Zola.

tire. C'est une station pour son œil inquiet. Il s'y repose. Sieste en même temps pour la danseuse qui reprend haleine sans avoir l'air de souffler. Effet sûr.

La position n'est ni difficile à saisir, ni pénible à conserver, mais elle ne présente un intérêt qu'à la faveur d'une désinvolture conquérante. Immobile sur un seul pied, la danseuse s'offre au public de profil, c'est-à-dire de telle sorte que la jambe-guitare soit parallèle à la ligne des spectateurs, et le visage franchement tourné vers eux. Et comme, dans les bals publics, les spectateurs sont rangés en rectangle, la ballerine vraiment habile à exciter les applaudissements saura, par un virement insensible sur le pied-support, donner successivement aux quatre faces le spectacle de sa feinte musicale. Il faut qu'il y en ait pour tout le monde.

C'est cette liberté d'allure que le professeur inculque le plus péniblement à ses élèves. Tantôt la jambe se lève comme une menace pour le spectateur au lieu d'un appel, lui présentant la rudesse d'un talon, au lieu des rondeurs fugitives d'un mollet; tantôt c'est l'œil qui tombe sur la haie de gauche, quand il devrait allumer celle de droite; tantôt les jupes se tassent bêtement en épais rouleau sur le ventre, au lieu de suspendre la discrète draperie d'un voile flottant sur l'allongement du tibia. Cela se corrige cependant par de persistantes remarques, des redressements incessants, l'exigence des détails.

LE PORT D'ARMES

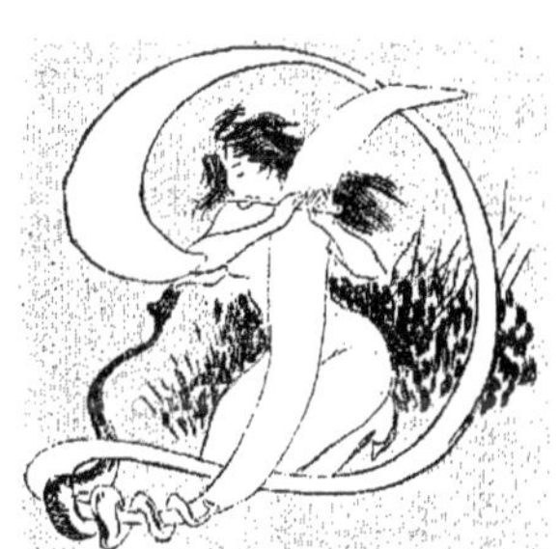

E la *guitare* au *port d'armes*, il n'y a plus que la distance de quelques degrés. Décrire avec la jambe un angle très aigu, au lieu d'un angle obtus; fermer le compas entr'ouvert. C'est une question de pratique et de mise au point, non plus d'éducation. Pour prendre la position du *port d'armes*, la jambe se jette en avant, franchement, aussi haut que possible comme dans la *série*. C'est à la main du même côté de la saisir au vol à hauteur du mollet et de la fixer droite à l'épaule. De la vivacité, de la précision, un équilibre ferme, et le tour est joué. Là on reste immobile, le regard direct, comme le tourlourou en parade, ce qui n'exclut pas les fascinations de la prunelle, ni les invites du sourire. A ce moment, le poing campé sur la hanche, la danseuse tient réellement son assistance suspendue à sa cheville. Et la perfection est atteinte si les jupons, savamment maintenus le long de la jambe dressée, au lieu de tout découvrir, glissent un nuage sur le déshabillé du pantalon à peine entrevu.

Le fin du fin de la pudeur..... de Montmartre !

Là-dessus quelques variantes. Telles que le passage du *port d'armes* à la *guitare* et vice-versa.

Si la femme est au *port d'armes*, elle fait face au spectateur. Pour passer à la *guitare*, elle laisse simplement retomber sa jambe dans la main opposée, et campe la main qui venait de la soutenir sur sa hanche. En même temps, en pivotant d'un quart de tour sur le talon posé à terre, elle se trouve de profil tout en gardant la tête tournée vers le public.

Si, au contraire, elle veut passer de la *guitare* au *port d'armes*, elle relève vivement sa jambe en changeant de main, pivote en sens inverse sur le talon, et se trouve ainsi de face, dans la position régulière.

Une seule difficulté : le maintien de l'équilibre.

LE CROISEMENT

L'ÉLÈVE qui sait ce que nous venons de décrire possède son métier. Elle sera plus ou moins agréable suivant qu'elle intercalera ces excentricités plus ou moins heureusement dans les pas sautillés et entre-croisés qui sont le fond même de la danse; suivant qu'elle se montrera d'un visage avenant ou non; suivant que son sourire sera plus ou moins facile et tenace; mais la technique de son art n'a plus de secrets à lui livrer. Cependant, deux applications extravagantes des positions fondamentales peuvent être indiquées.

D'abord le *croisement*.

Les deux femmes qui sont en vis-à-vis, après avoir exécuté la *série*, soit parallèlement, côte à côte, soit à contre-sens ou en tourniquet, se placent tout à coup face à face, et, chacune ayant une jambe levée, rigide, un peu plus haut que ne le comporte la *guitare*, et moins haut qu'au *port d'armes*, s'efforce de prendre du bout de son pied un point d'appui sur celui de sa compagne, de manière à rester immobile en équilibre dans cette posture délicate. Le problème est beaucoup plus compliqué qu'il ne semble. Il arrive souvent aux plus expérimentées d'être encore à la recherche de ce centre de gravité fugace, alors que gémit la dernière mesure de la figure.

On place cet effet de préférence à la fin de la *pastourelle*. Il fait toujours la joie de l'assistance.

Ces deux petits pieds qui se cherchent, qui se frottent, qui glissent l'un sur l'autre sans arriver à se coller, n'est-ce pas l'image la plus frappante du rêve si souvent médité, si rarement réalisé, de l'accord parfait dans les joies de l'amour ? Ils se démènent, les jolis petits pieds; ils s'évertuent à se soutenir mutuellement; la main les aide et les encourage. Les voilà près de réussir. Mais, crac! l'imperceptible oscillation d'un soupir, d'un souffle, d'un courant d'air, dérange le château branlant, et renvoie chacun de son côté. Ainsi les amants poursuivant éperdument ensemble le chemin du plaisir, pour un grain de sable qui roule, pour une feuille qui tremble, pour un ruisseau qui chante, se distancent l'un l'autre, et, après avoir vainement tenté de se rejoindre, n'arrivent au but exquis des mutuelles caresses que tour à tour, et clopin-clopant.

Néanmoins, pour les petits pieds comme pour les amoureux, il y a des jours de réussite.

LA JAMBE DERRIÈRE LA TÊTE

TELLE qui charmerait aisément son monde aspire à le stupéfier péniblement. D'où la recherche bizarre de la *jambe derrière la tête*. Aucun raccord avec telle ou telle figure de la danse; aucun attrait dans la posture; point d'entre-bâillement provocant. Rien que la surprise de la contorsion. Aidée par la main, la jambe, mise au port d'armes, monte encore, franchit l'épaule, la dépasse, surgissant en haute cocarde au-dessus des cheveux, tandis que la tête, un peu penchée pour lui faire place, se porte en avant, le cou extendu, les yeux bridés, rieuse pourtant, mais sans franchise, avec les brisements de ligne cocasses et terribles de l'imagerie japonaise. Et la femme reste là, sorte de monstrueuse cariatide, maniérée, pénible, dont la clownerie trahissant l'effort n'excite qu'un malaise de pitié.

Ce n'est pas beau! D'accord. Mais c'est plus fort que la *série*, plus fort que le *grand écart*, plus fort que le *port d'armes*, et parce que d'autres l'on fait, chacune veut le faire. Il en va ainsi de toutes les rivalités irraisonnées. Et puis l'épatement du bourgeois ne procure-t-il pas à nombre d'artistes leurs plus pures jouissances?

La *jambe derrière la tête* étonne les masses. Du haut de ce petit talon dont l'inversion défie les règles de la structure humaine, tombe un frisson d'horreur sur la foule surprise. Des femmes détournent la tête, et les visages mâles deviennent sérieux tout comme au cirque, quand on plie un enfant dans un mouchoir de poche. Pour un peu on crierait : Assez! C'est le pétard de la danse excentrique. En dépit de son incohérente tournure, la danseuse clignant de l'œil saisit parfaitement l'effet produit. Qui supposerait que dans ce court instant, son cerveau déprimé savoure une réelle béatitude ?

L'amour-propre humain est fécond en curieuses satisfactions intimes de ce genre.

Aussi c'est une rage de faire franchir à son tibia le cap de l'épaule, pour le conduire jusqu'au contact des omoplates. Ça esquinte les reins et ça tortille le cou. Mais pour celle qui réussit, quelle rigolade d'enfoncer les petites camarades, et de piger les plus chouettes danseurs!

Car l'homme là-dedans joue son rôle; bien effacé, bien modeste, bien secondaire sans doute, mais enfin on s'en sert. Il n'a d'autre mission que d'accompagner en sourdine les éclatantes fanfares de sa partenaire. A peine, çà et là, pendant les repos lui sera-t-il permis de distraire le public par un entrechat, un balancé niais, une jonglerie comique. L'homme se réduit à l'emploi de comparse, mais il reste utile.

Tendre la main à la danseuse n'est pas chose difficile; le faire juste à temps, au moment précis où le pied touche terre, où la phrase musicale dit sa dernière note, c'est un mérite, un genre d'exactitude exigeant du coup d'œil et de l'oreille. Un petit nombre possèdent ces qualités. On se les arrache au *Moulin-Rouge! Fil-de-fer*, un merveilleux valseur, et *Grille-Tout* un joyeux drille, sont la coqueluche de ces dames. Nul ne jette plus hardiment en l'air un chapeau haut de forme pour le recevoir adroitement sur le crâne. Nul ne place plus à propos ce couvre-chef en équilibre sur son nez pour le laisser retomber avec ensemble sur son front, d'accord avec le suprême coup d'archet d'un *galop* échevelé. C'est délicieux!

Le repoussoir inoffensif de la *jambe derrière la tête!*

Que les mânes de *Chicard* et de *Brididi* leur pardonnent cette déchéance du sexe fort en ces nobles exercices! Le temps est loin où les hommes, seuls véritables maîtres d'un troupeau de femmes en délire, choisissaient à leur gré les sujets d'élite, les dressaient, les protégeaient et les lançaient, sous leur égide toute-puissante, dans le tourbillon des hautes gaîtés parisiennes. Aujourd'hui, les rôles sont intervertis : les hommes nagent à la remorque.

Au-dessus de cette génération amollie plane encore la figure de *Valentin*[1]; *Valentin* qui, après ses débuts, en 1860, au *Moulin de la Galette*, fit les délices des *Folies-Robert*, de l'*Hermitage* et du *Château-Rouge;* qui brilla au *Château-des-Fleurs* à côté d'*Alice la Provençale*, et enfonça *Brididi; Valentin* qui, pendant sa longue carrière, ayant déjà exécuté plus de 90000 danses, continue, sans une défaillance, à soulever l'admiration haletante des foules par la sûreté de son bras, la prodigieuse agilité de son pied et la variété d'attitudes dont il sait orner une valse au point de la transformer en véritable symphonie des langueurs amoureuses; *Valentin*, enfin, le roi des danseurs!

1. *Valentin*, de son vrai nom Jules R...., est aujourd'hui la personnalité la plus intéressante des bals publics. Un homme grand, maigre, flottant

Valentin, illustre *Désossé*, lorsque vous errez pensif et bienveillant parmi ces pléiades brillantes où vos protégées sont étoiles de première grandeur quel œil dédaigneux ne jetez-vous pas sur vos jeunes émules. Encore un art viril qui tombe et une noble ardeur qui s'éteint!

Tel est le résumé d'une pédagogie bizarre dont les leçons façonnent les divertissements les plus goûtés par la névrose contemporaine.

Ceci n'est point un encouragement, mais un simple procès-verbal.

. . . .

. . . .

dans une redingote noire; une face glabre marquée par la longueur du nez, obscurcie par la minceur des yeux; masque triste. La date de ses débuts lui impose un âge respectable, sans lui enlever rien de sa vigueur physique, ni de son prestige auprès des femmes. Les hommes le vénèrent et les filles l'adorent. Il est comme le grand-maître des chevaliers servis de la Place Blanche. Mais ce qui rend sa vie particulièrement digne d'admiration, c'est que, pour jouir largement de l'existence, *Valentin* n'a pas besoin des bienfaits dont il est accablé par le sexe faible de Montmartre et autres lieux. Il est riche, et son frère exerce honorablement, non loin de Paris, les pudibondes fonctions de notaire. Si donc *Valentin* se complait dans la position sociale qu'il doit à ses talents autant qu'à ses qualités morales, c'est uniquement par amour de l'art, par dilettantisme, disons mieux pour affirmer la supériorité du mâle sur le miché.

Le surnom de *Valentin* remonte à ses premiers pas. En ce temps-là courait dans les bastringues une chanson dont le refrain disait :

Ah! Valentin,
Verse, verse!
Ah! Valentin, verse sans fin!

La facilité avec laquelle le jeune danseur dégustait les saladiers de vin sucré offerts conformément à l'usage lui valurent dès lors l'attribution de ce vocable devenu depuis fameux. Quant à l'épithète du *Désossé*, elle est de date beaucoup plus récente. C'est Mermeix qui le premier la lui appliqua, le lendemain de sa rentrée au *Jardin de Paris*, en 1885. Le titre était bien trouvé; il resta consacré par le public.

Ainsi les Montmorency ont commencé par de simples Bouchard!

Sournoisement, au fond des navires en pleine mer, un léger mais continu grincement révèle au matelot l'infatigable cheminement des termites à travers la coque de bois qu'ils désagrègent et pulvérisent. Les savants ont cherché remède à leur méchante œuvre, vainement.

Ainsi quand une civilisation est avancée, certains vers s'y mettent qui, avec une sûre lenteur, émiettent en poussière les vieilles choses qui furent la pudeur, le courage et l'honneur. On ne saurait arracher le monde à ces microbes. Du moins, peut-il être intéressant, pour les races futures, d'en rechercher les évolutions génératrices, et d'en avoir classé une espèce.

ENVOI

MAINTENANT que votre éducation est achevée, aimables filles de Montmartre, de la Villette et de Clignancourt, allez et dansez ! Secouez sur les hordes altérées des hommes pressés autour de vous la poussière empoisonnée de vos jupes ! Excitez les vieux, troublez les jeunes ! Vous êtes bien les almées qu'il fallait à notre époque, et la génération qui vous entoure est mûre pour vous applaudir. Elle n'y manque pas. De jour en jour plus compacte autour de vos folâtres jeux la foule se rue électrisée par les pourpres éclairs des ailes du *Moulin-Rouge*, hypnotisée par les glaces du *Casino de Paris*, grisée par les aphrodisiaques parfums des bosquets de l'*Élysée-Montmartre*. Elle vous encourage, elle vous prodigue ses acclamations. On parle de vous partout, et on en écrit ! O gloire ! Quelques audacieux choisiront dans vos rangs leurs maîtresses, et partageront sans honte et sans crainte vos faveurs, grassement payées, avec les doux élus de votre cœur, princes de la casquette à ponts, auxquels, à votre tour, vous prodiguerez vos gratuites caresses rehaussées de multiples petits verres et de gros paquets de tabac. (Oh ! combien Charlot s'amusa !) Et ce sera pour le philosophe un spectacle toujours agréable et touchant que ce libre échange de douceurs amoureuses. Et vous éprouverez un égal plaisir à duper le rêveur tenté de vous sortir du ruisseau, et à recevoir les coups de celui qui vous y rejette. A la danse! dont l'ardeur met du fard aux joues des pâles, dont la légèreté grandit les petites, dont la dislocation efface la vulgarité des tournures, dont les déhanchements stimulent les sens et troublent les raisons! A la danse, qui mûrit les impubères et qui rajeunit les hors d'âge! Allez, mes enfants et travaillez! C'est du temps bien employé; de la besogne utile. Mieux que toute autre elle vous fournira les moyens d'étonner les hommes, de les tromper et de les corrompre.

Machiavel n'en exigeait pas plus des chefs de peuples.

C'est bien vous qui régnez.

Rien n'est changé.

Allez! et chahutez! le grand écart mène à tout!

TABLE DES EAUX-FORTES

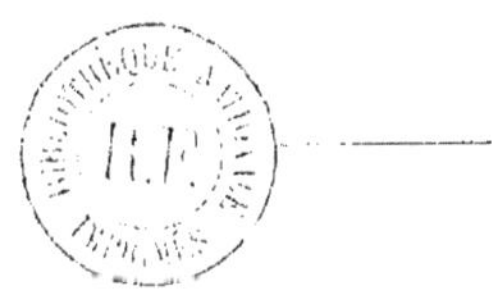

TABLE DES VIGNETTES ET LETTRES ORNÉES

TABLE DES MATIÈRES

IMPRIMÉ

PAR

CHAMEROT ET RENOUARD

19, Rue des Saints-Pères, 19

PARIS

www.ingramcontent.com/pod-product-compliance
Ingram Content Group UK Ltd.
Pitfield, Milton Keynes, MK11 3LW, UK
UKHW020338180726
13839UKWH00002B/785